I0846238

סוד

© 2023 **סוד**
עורך: אבי הופמן
גרסה: נטע אברמוב
עיצוב גרפי: אסתר כץ

ENLISTED
YOUTH

נוער
שנרשם

HELENA BARBAGELATA

IN INNOCENCE'S
BLOOM, A CHILD
ONCE STOOD, THEIR
FEET LED DOWN A
DARKENED ROAD,
BOOKS AND
PARCHMENT LEFT
BEHIND, A HEAVY
LOAD, FOR GUNS AND
WARFARE'S GRASP,
MISUNDERSTOOD.

בנציעות התמימות, ילד עמד בפעם אחת, רגליהם הובילו אותם לדרך אפלה, ספרים ונייר עזבו אחריהם, משא כבד, לאחזורי האקדחים ולאאחיזתם במלחמה, שנסתרה מהם.

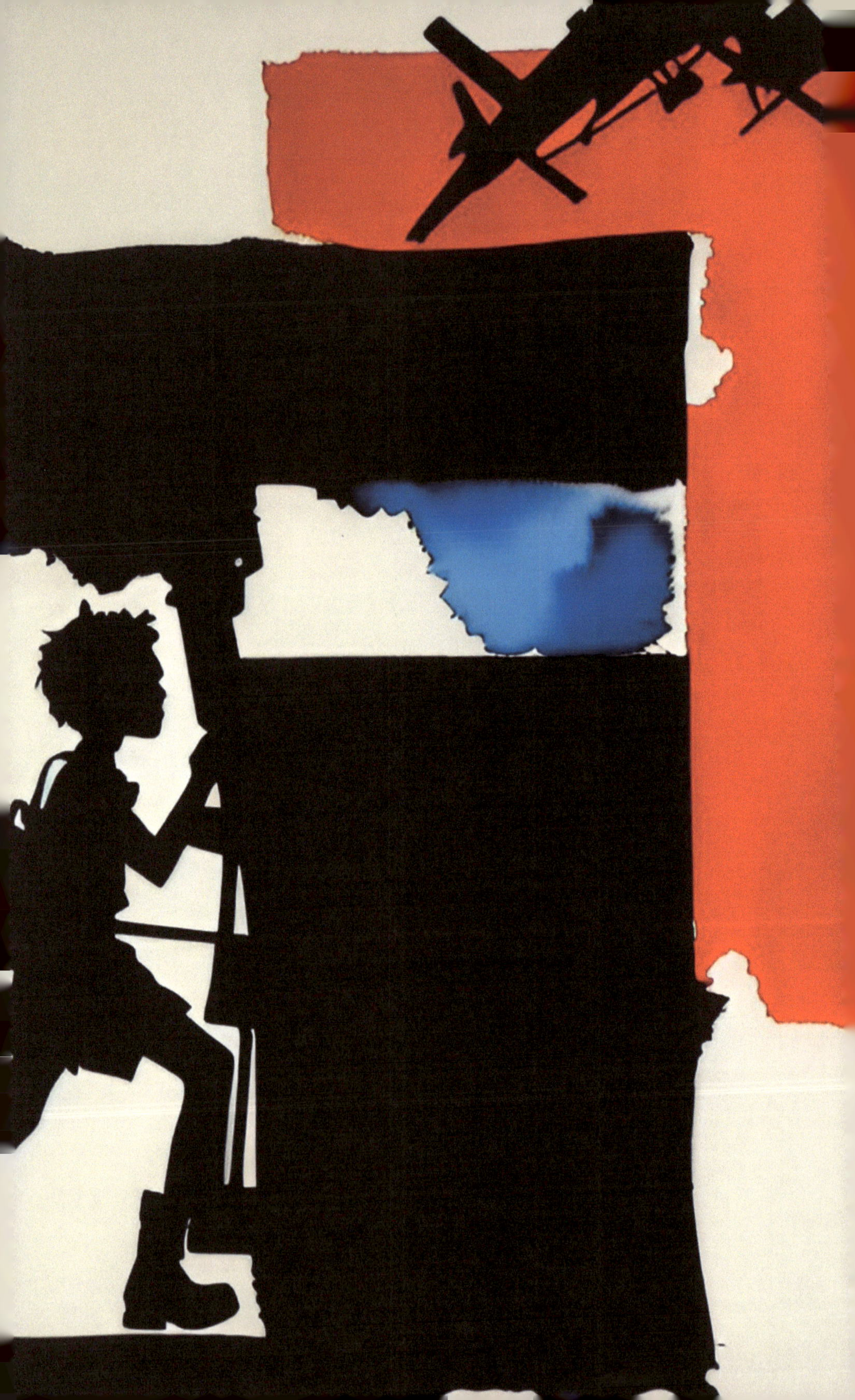

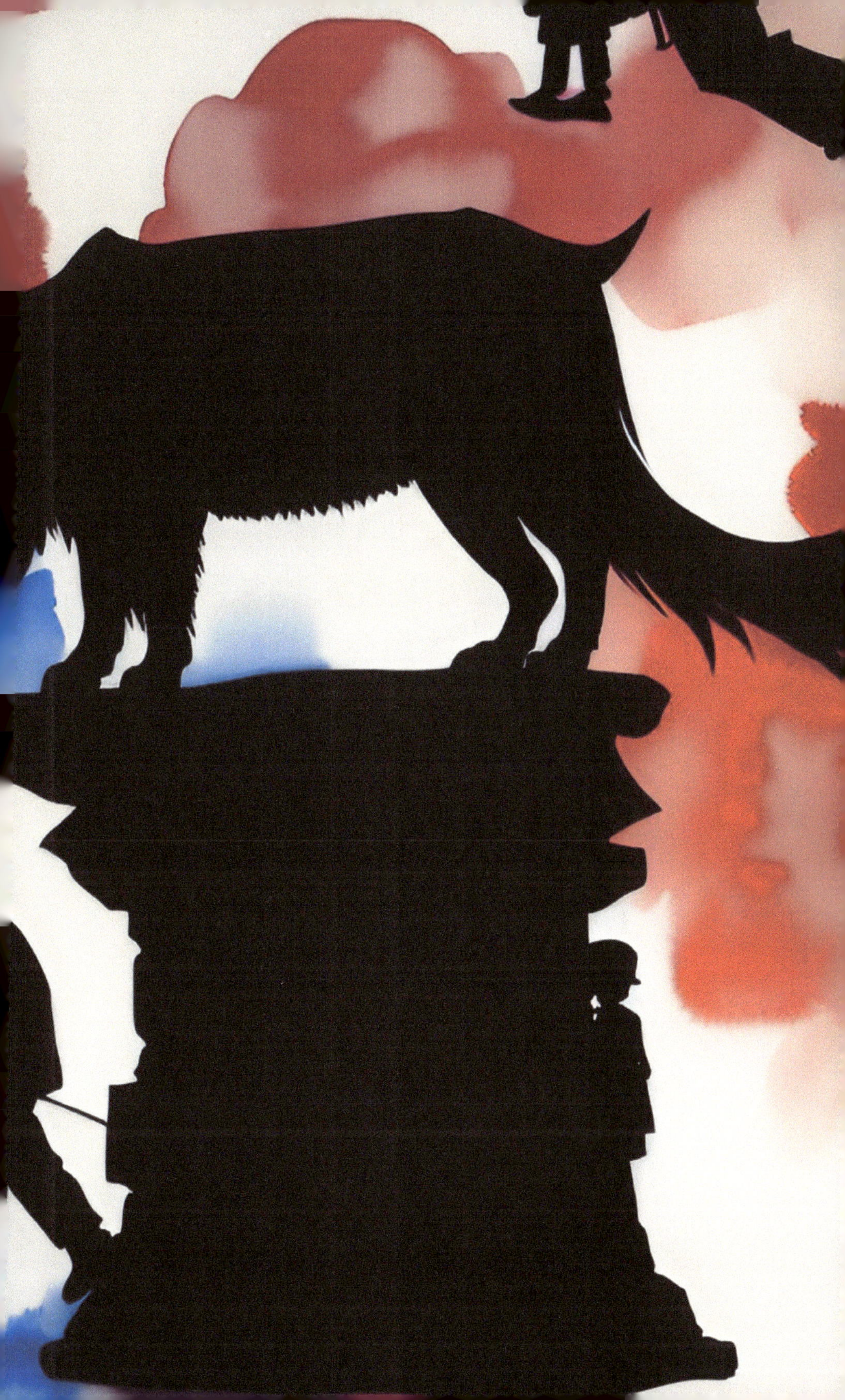

A FUTURE MEANT FOR
LEARNING, NOW
CONCEALED,
REPLACED BY METAL
COLD, AND FIRE'S
BREATH, THE
ALPHABET'S EMBRACE
SWAPPED FOR A
DANCE WITH DEATH,
ALL LIFE ERODED, ALL
HOPES UNSEALED.

עתיד שנועד ללמידה, כיום מוסתר, מוחלף במתכת קרה ונשימת האש, חיבוק האלפבית הוחלף בריקוד עם המוות, כל החיים נשדדו, כל התקוות פתאום חשופות.

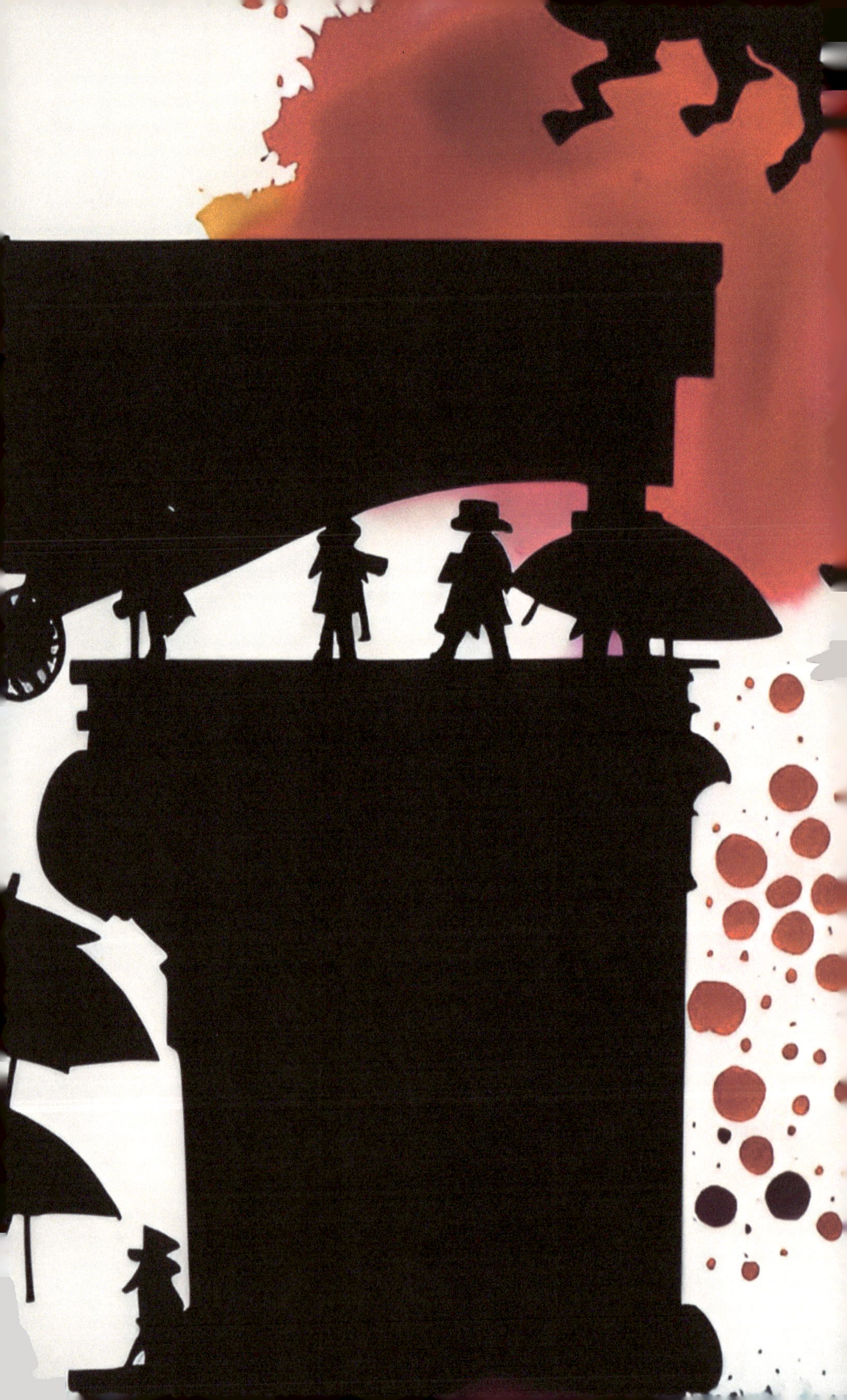

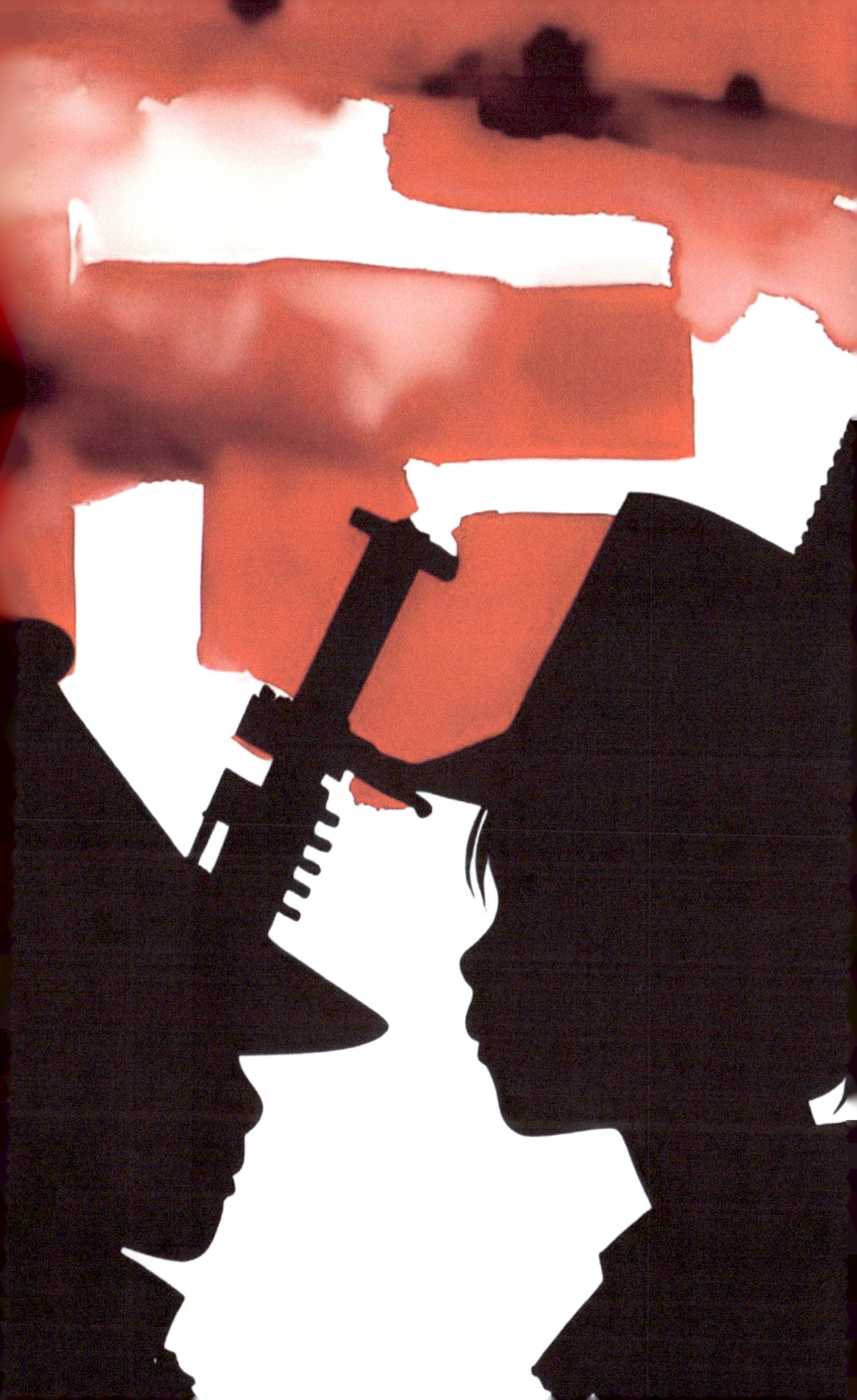

THE PEN'S POTENTIAL,
NEVER TO BE KNOWN,
REPLACED BY
TRIGGERS PULLED, A
FATAL PLIGHT,
IN SHADOWS CAST BY
POWER'S VICIOUS
MIGHT,

הפוטנציאל של העט,
שלא ייׁדע לעד, מוחלף
על ידי הגררות נפש,
מצב קטלני, בצללים
שזרימו מתוך עוז של
כוח.

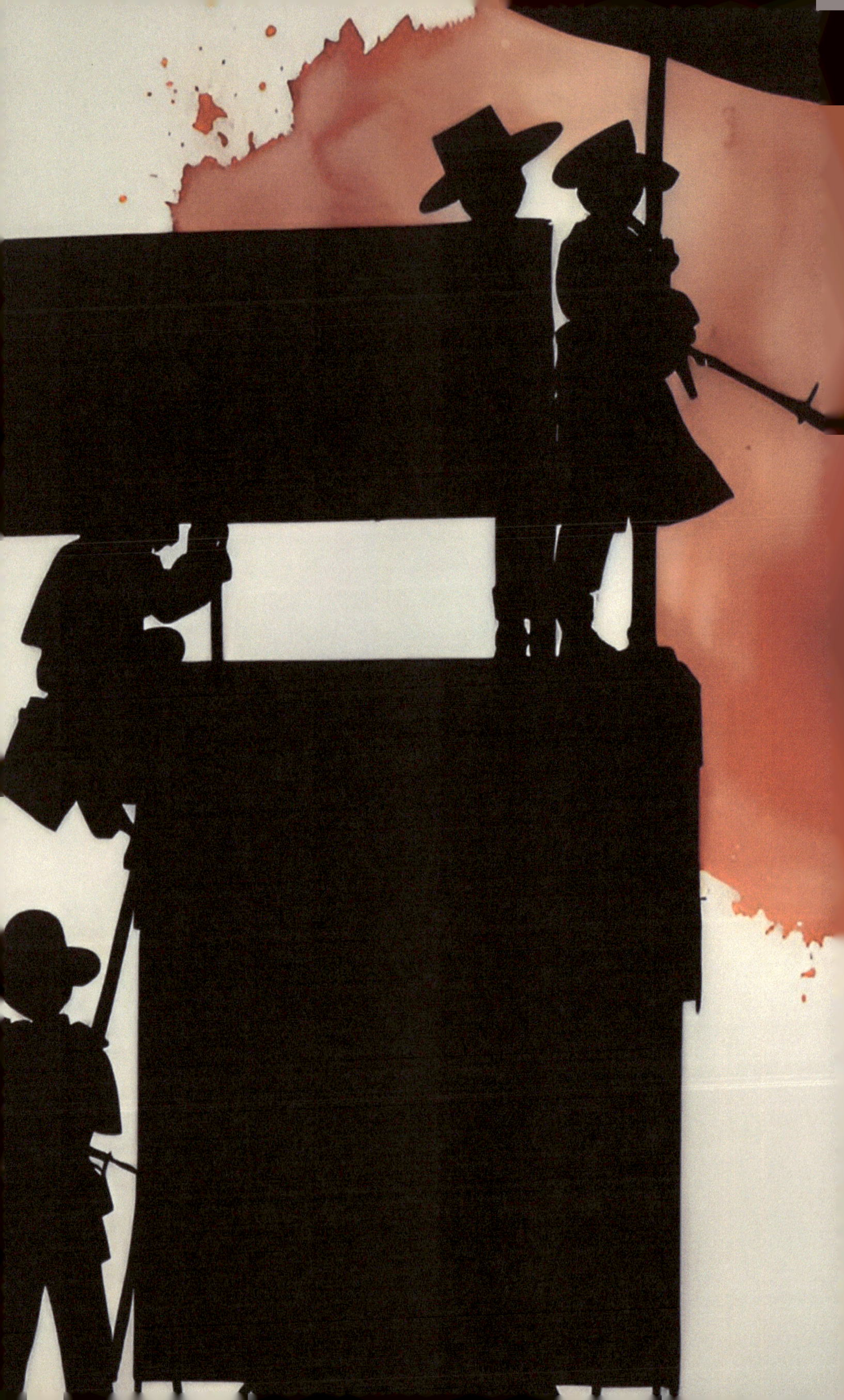

A STUDENT OF THE
STREETS, A WAR-
TORN SAGE,
THEY MASTERED
RIFLES, BULLETS, NOT
THE PAGE,
THEIR EDUCATION
MARKED BY SCARS
AND RAGE.

תלמיד של הרחובות,
חכם סופגן מלחמה,
הם שלטו ברוביות,
קליעים, לא בעמוד
הכתוב, חינודם מסומן
בששפונים וזעם.

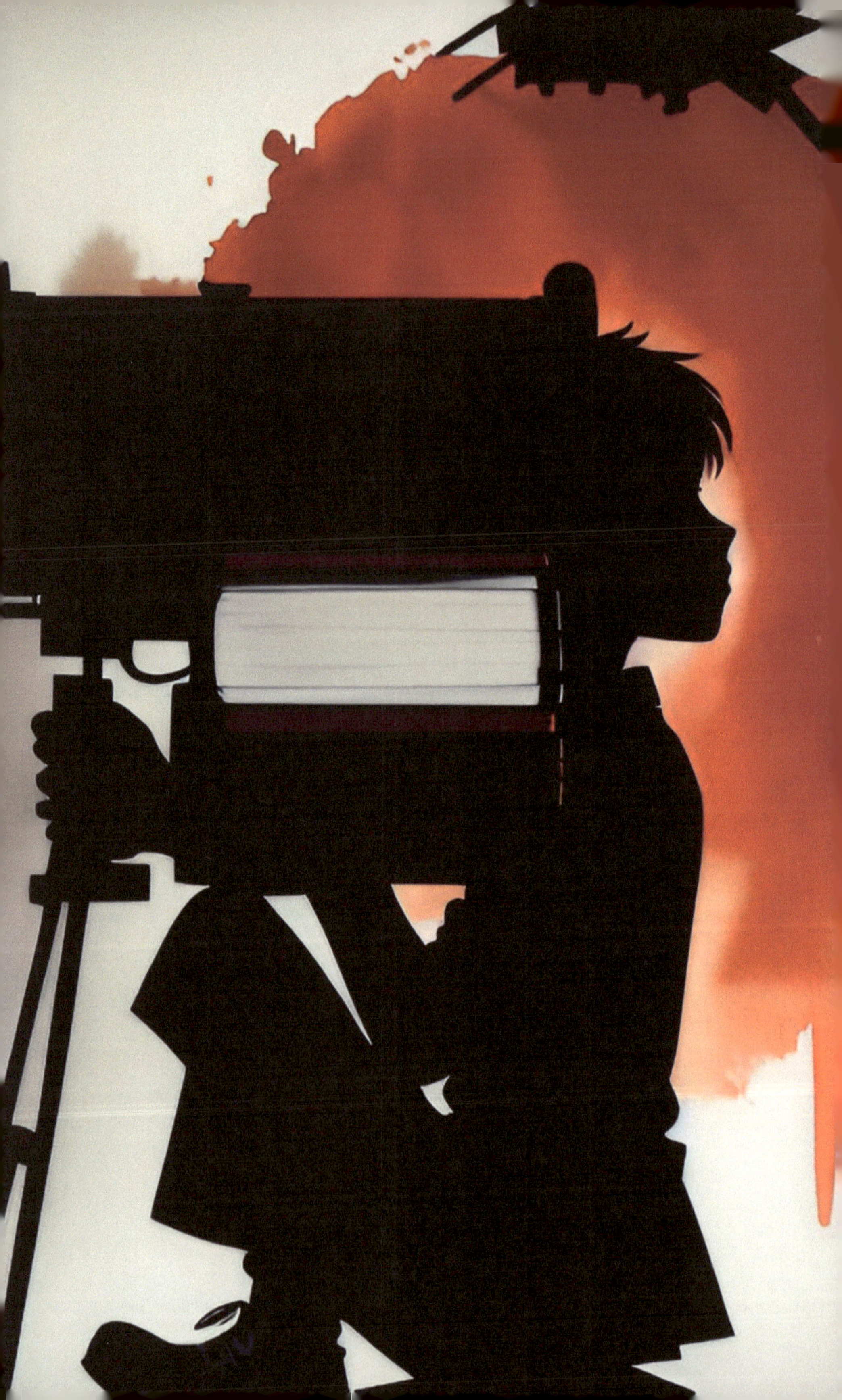

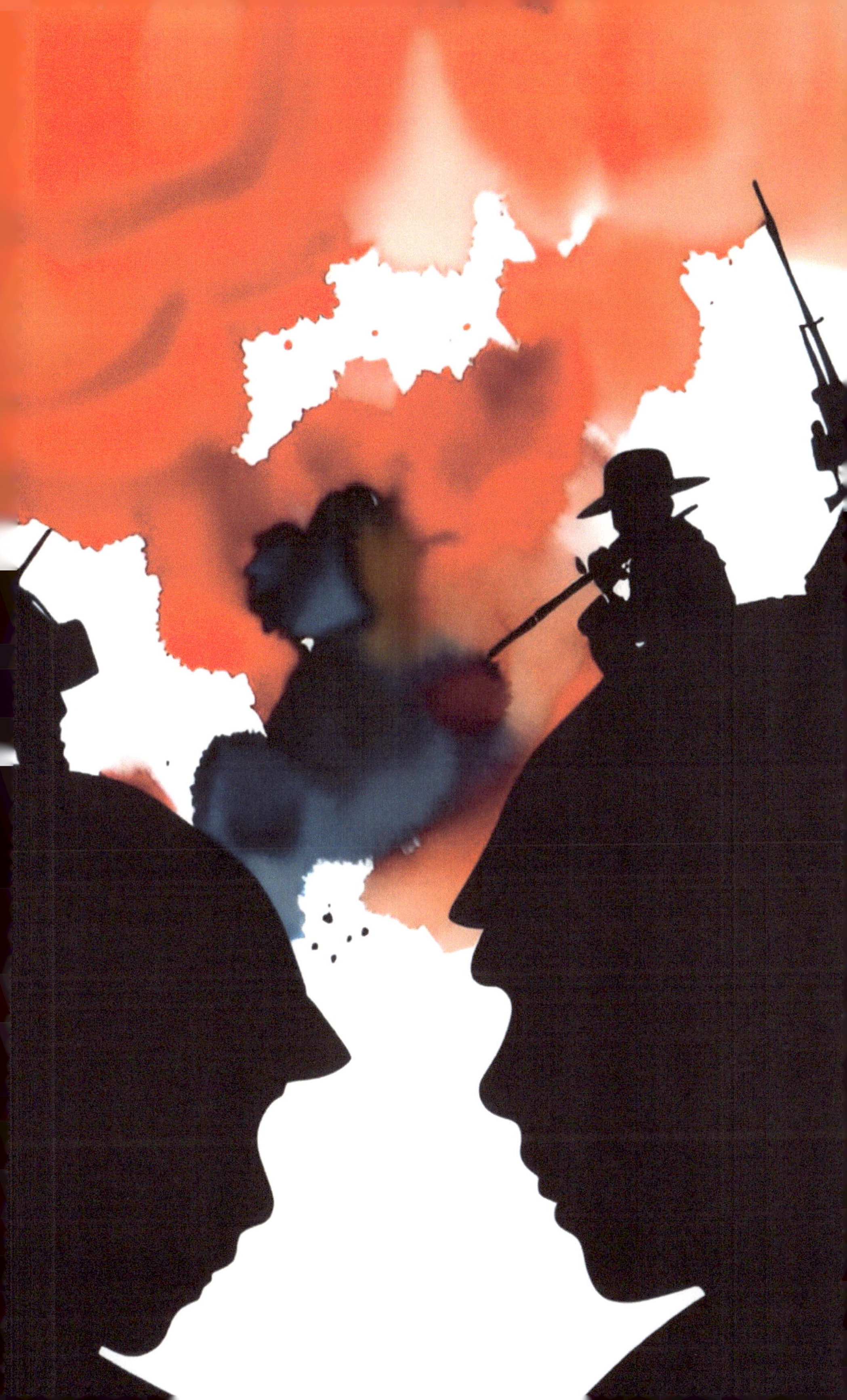

NO LESSONS LEARNED
OF LETTERS OR OF
WORDS,
NO PAGES TURNED TO
SEEK THE TREASURES
THERE,
BUT GUNS AND
BATTLES, TRAINING
HARD TO BEAR,
THEIR YOUTH
CONSUMED BY
GUNFIRE'S DEAFENING
CHORDS.

לא למדו שום שיעורים
על אותיות או מילים,
לא הפנו עמודים לחפש
את האוצרות שם, אלא
רוביות וקרבות,
הכשרה קשה לנשוא,
צעירותם נצרפה
לקורות ירייה
השמיעה.

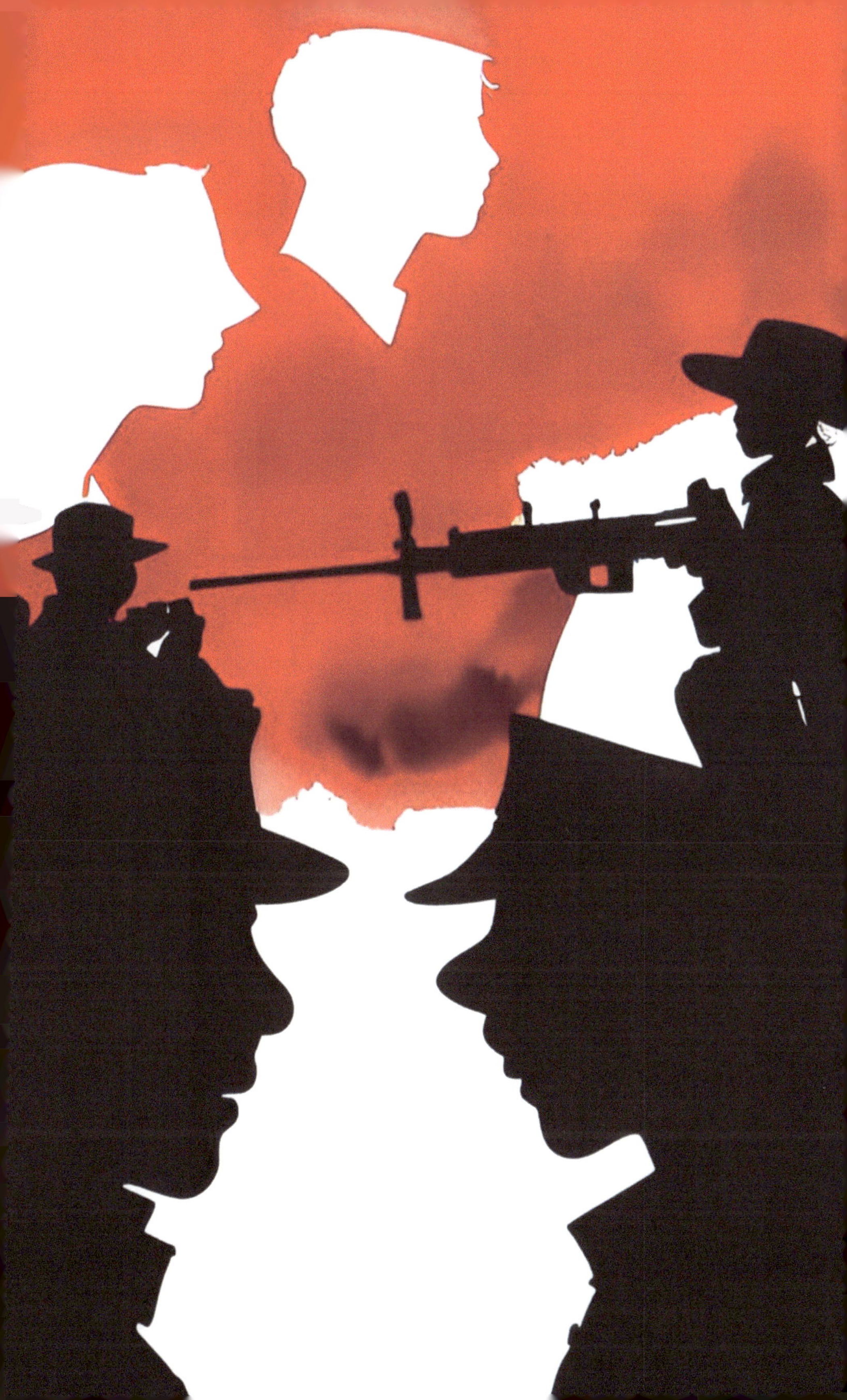

DRUGGED BY THE
ONES WHO SHOULD
PROTECT AND GUIDE,
THEY SHAVE THEIR
INNOCENCE, FORCED
TO COMPLY,
A PLAYGROUND'S
LAUGHTER, STOLEN
BY DIVIDE,
REPLACED BY
ORDERS, BLOODSHED,
AND A CRY.

הם מתחלקים על ידי
אלה שצריך להגנות
ולהדריך, הם גורפים
את התמימות שלהם,
נאלצים להסכים,
הצחוק בגן המשחקים,
גנב מאלימות החלוקה,
מוחלף על ידי הוראות,
שפיכת דם, וצעקה.

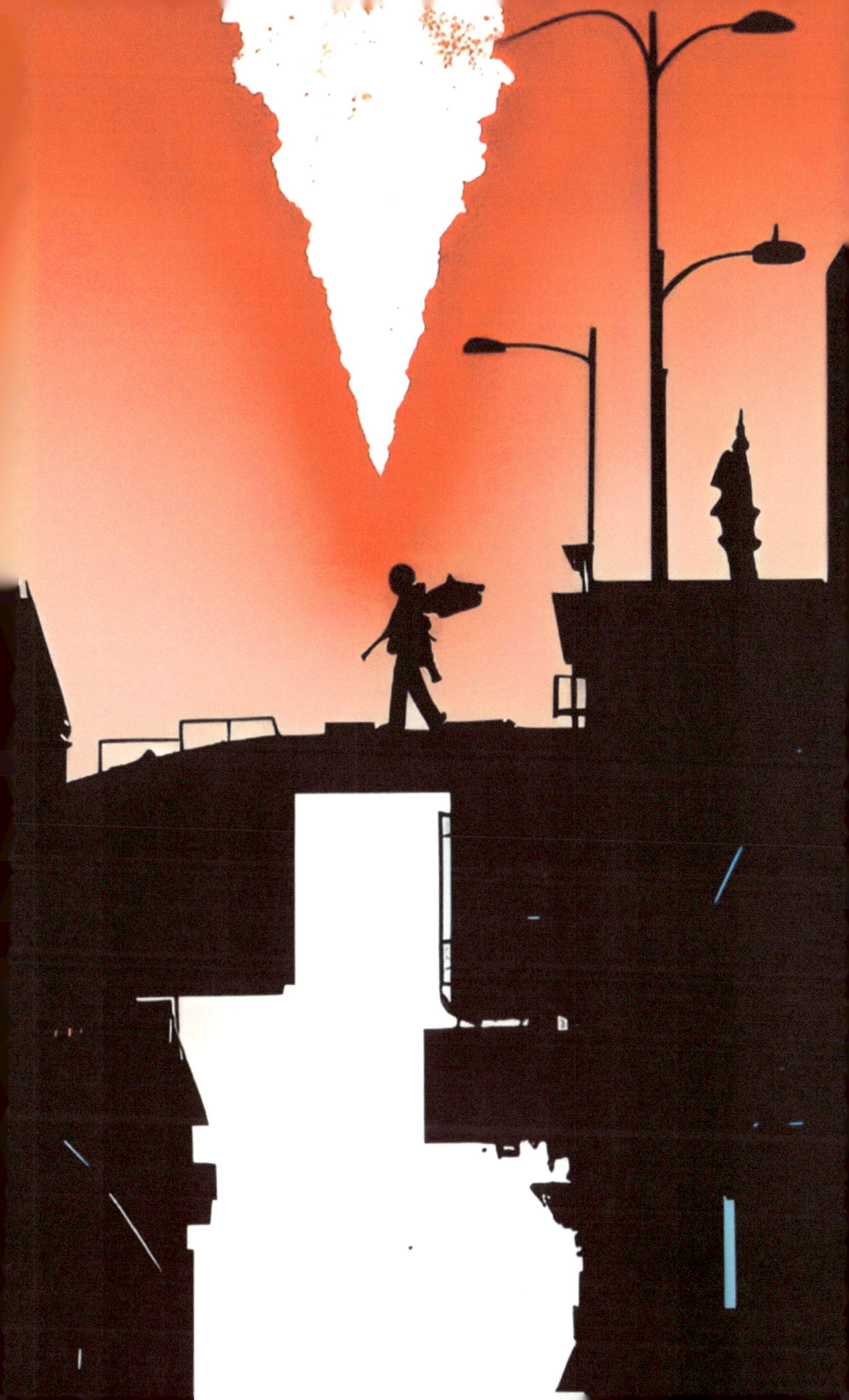

THEY LEARNED THE
ART OF WEAPONRY
WITH CARE,
A CHILD NO MORE, A
SOLDIER IN THE FRAY,
THEIR YOUTHFUL EYES
WERE TAINTED,
FORCED TO STARE,

הם למדו את אמנות הנשקים בזהירות, לא ילד יותר, חייל בקרב, עיני נעוריהם היו מזוהמות, נאלצות להביט,

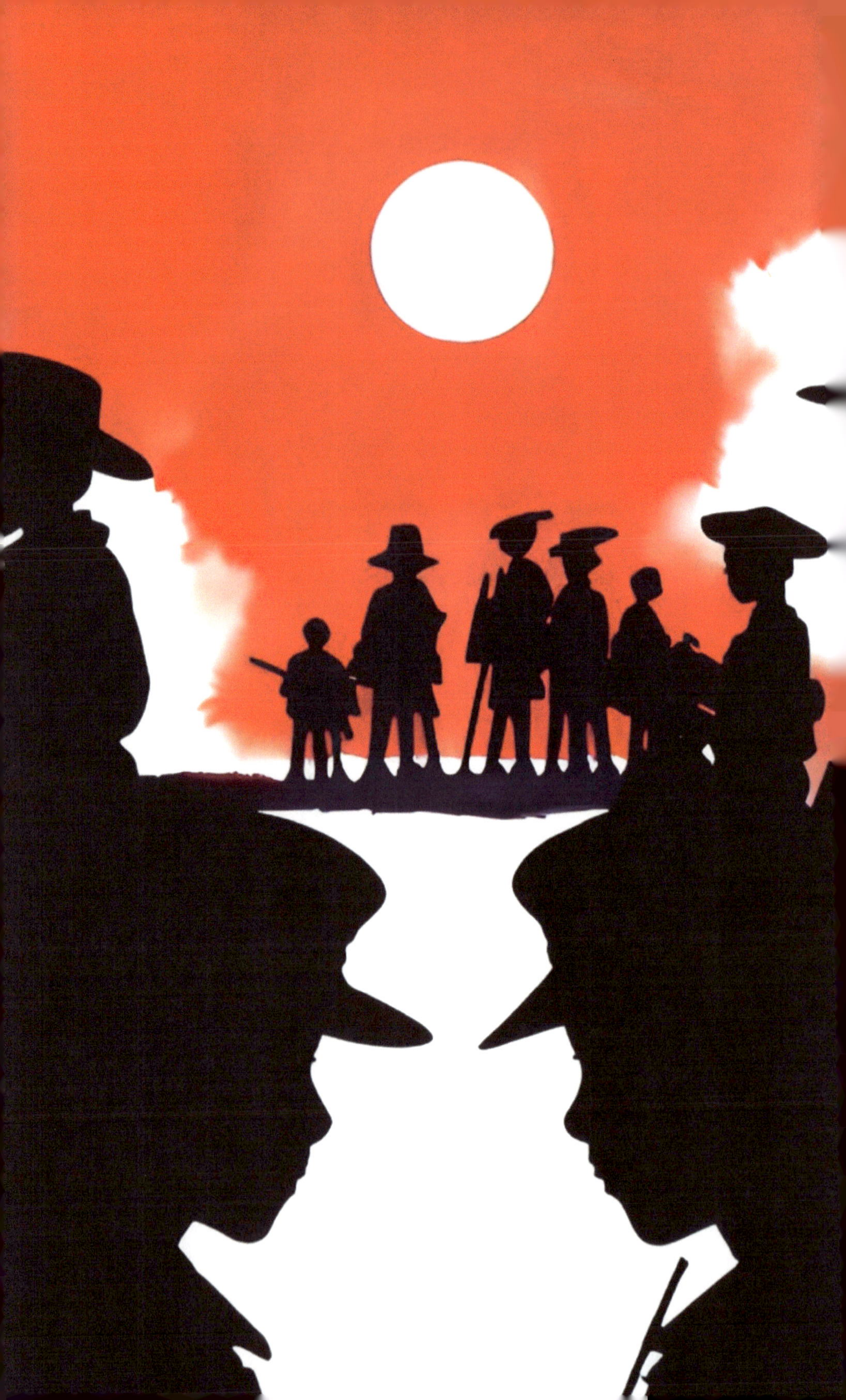

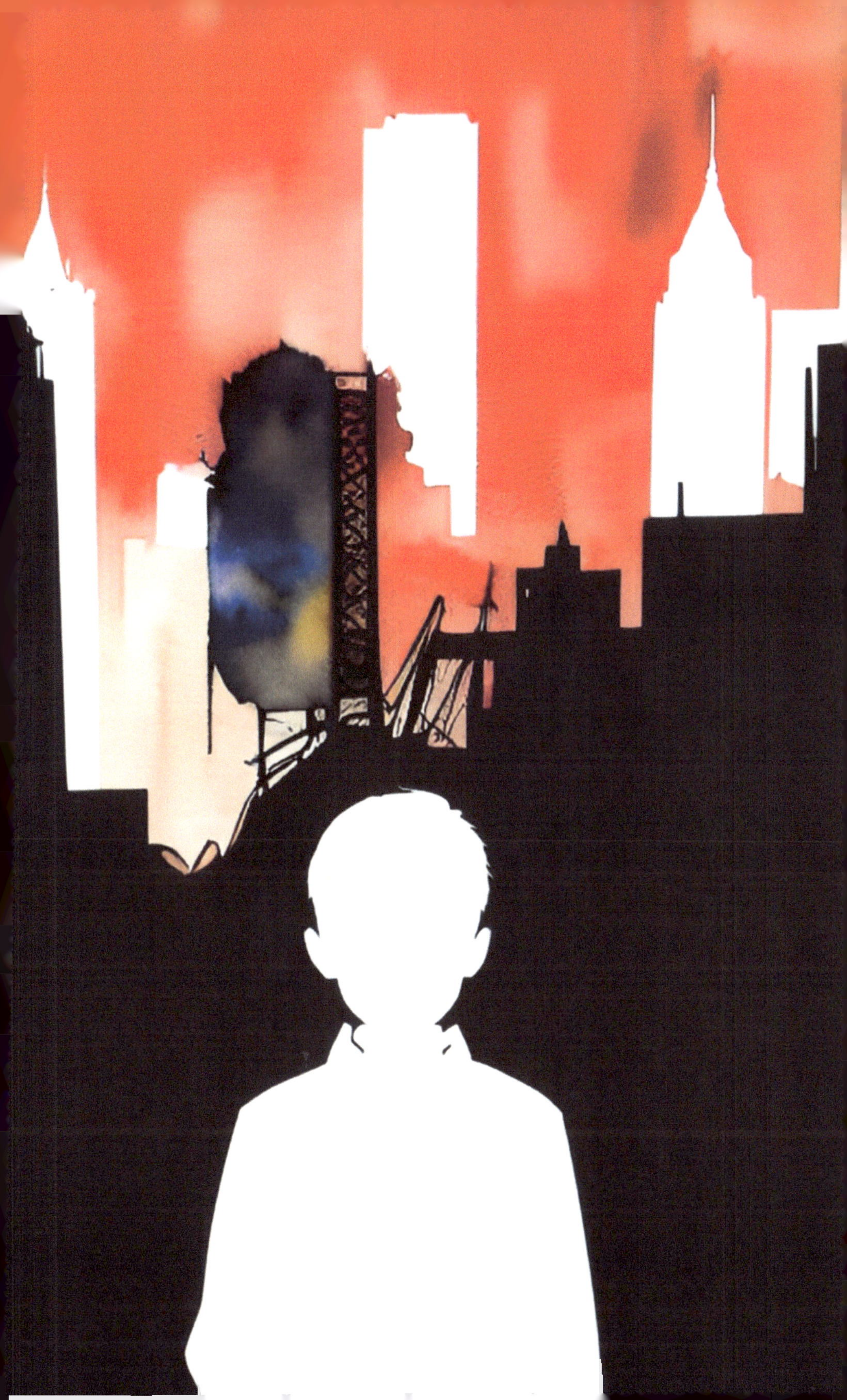

AT VIOLENCE, THEIR
BLAMELESSNESS
STRIPPED AWAY.
DRAPED IN THE
SHADOW OF A
FORCED AFFAIR,
A CHILD SOLDIER
WADES THROUGH
COILS OF GRAY.

בפני אלימות,
תמימותם הוסרה.
מתכסה בצל של יחסי
גורל מכווח פרוש, חייל
ילד חותר בתוך מטות
גוווני האפל.

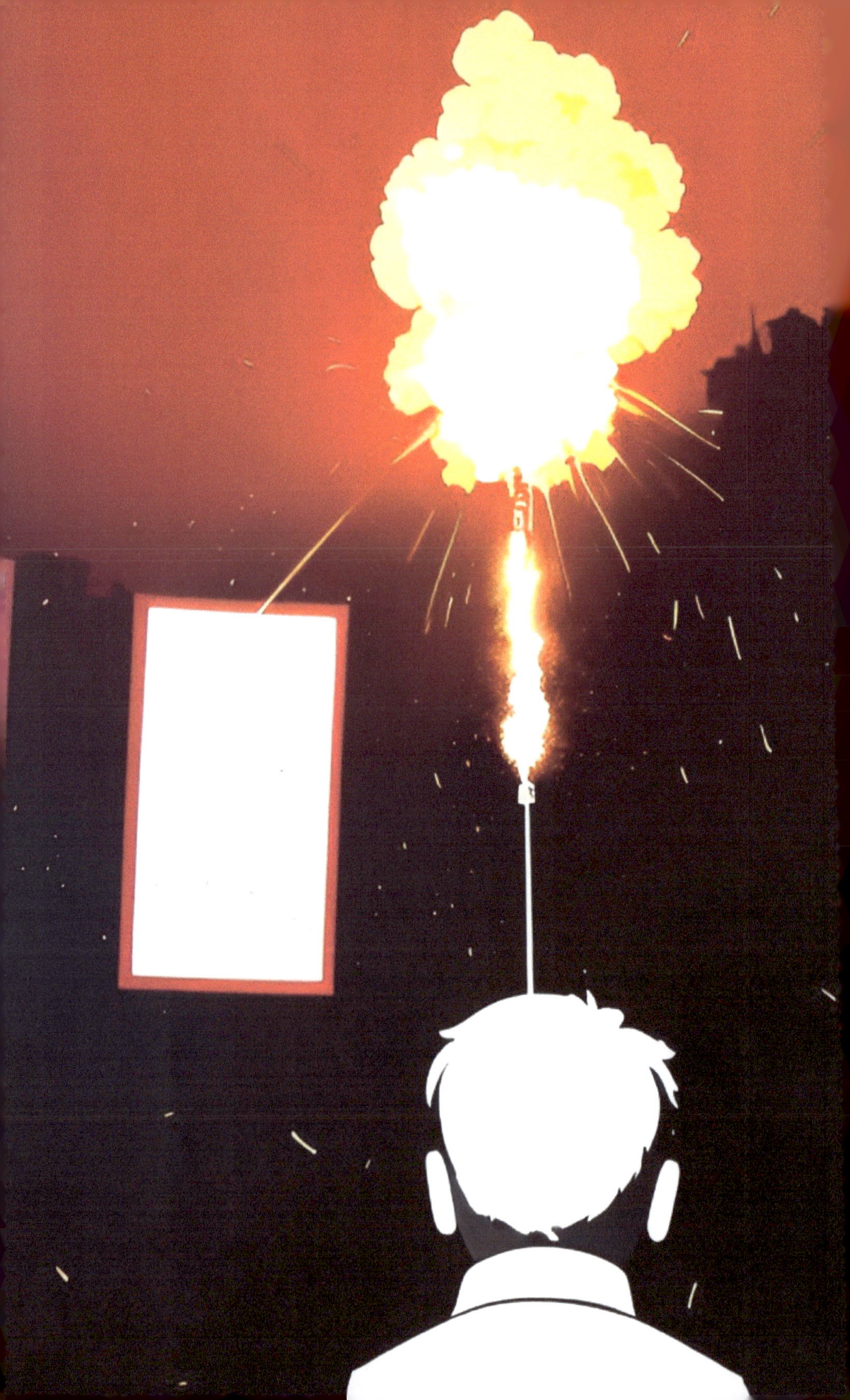

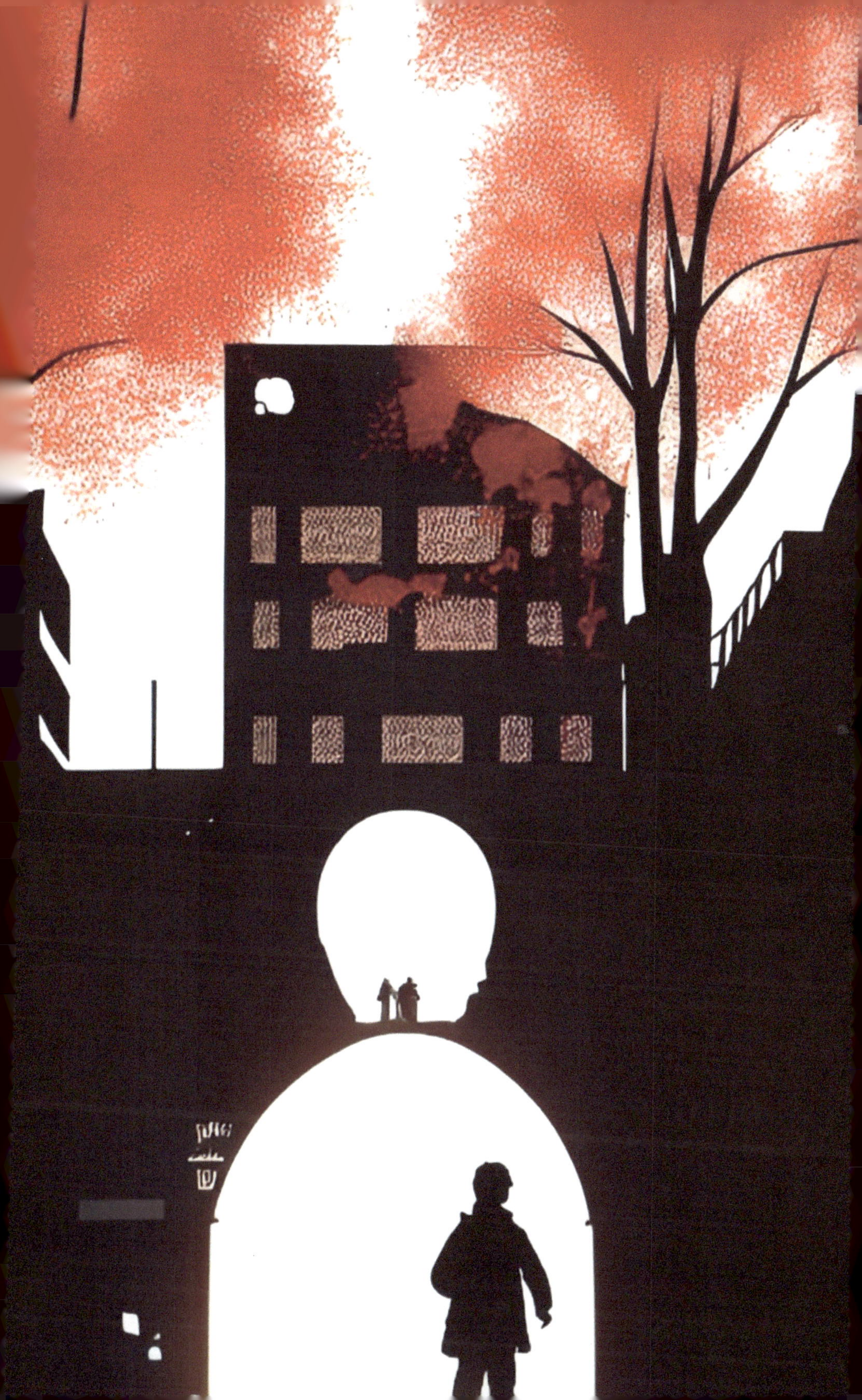

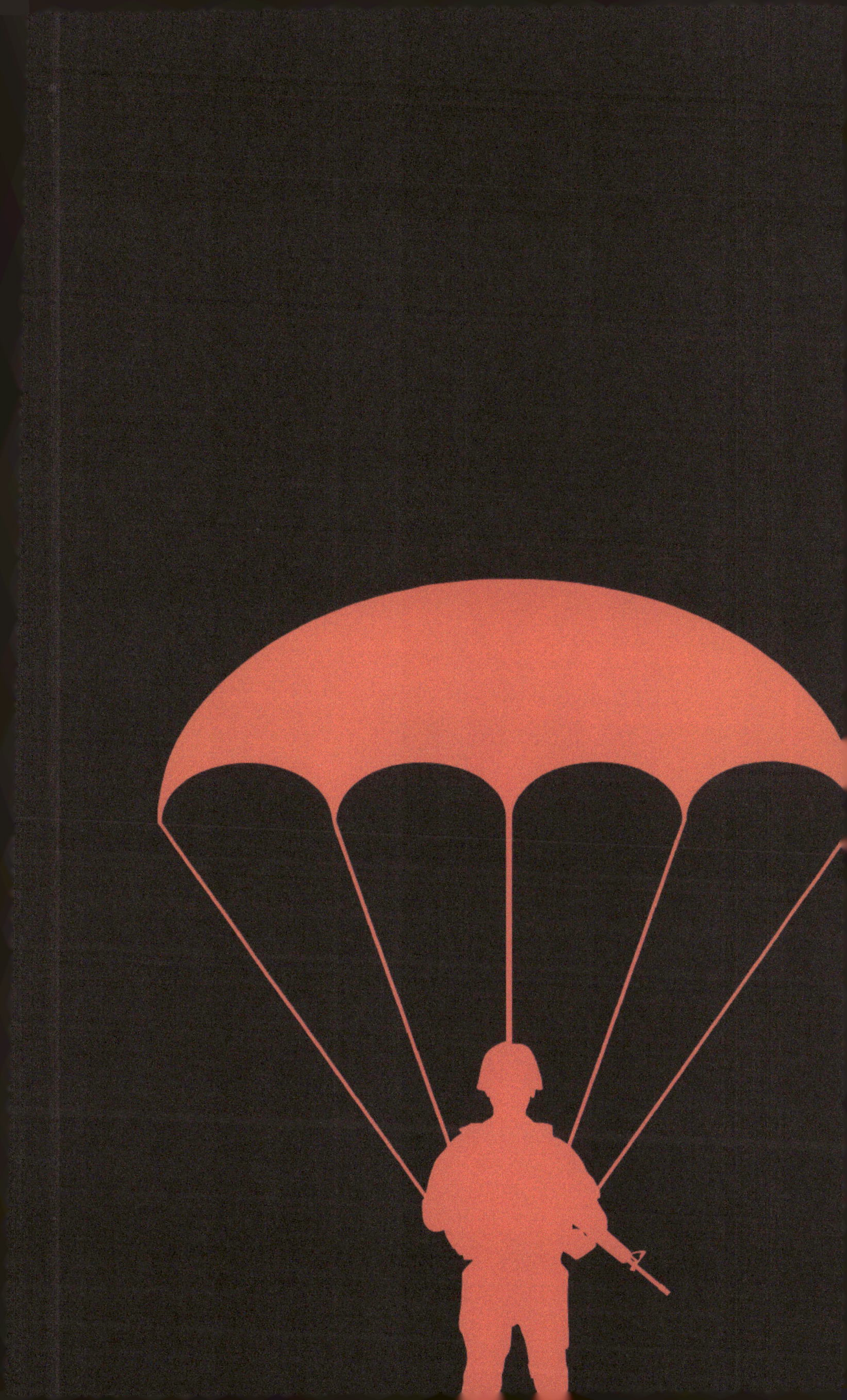

WRITTEN AND
ILLUSTRATED BY

HELENA BARBAGELATA

דוגמנית, אמנית רב תחומית, סופרת וחוקרת. דוקטורט בפילוסופיה - אוניברסיטת סלמנקה / אוניברסיטת אתונה.

היא קיבלה פרסים אמנותיים רבים מקרן אונאסיס, אוניברסיטת ברצלונה, האקדמיה לאמנויות יפות של סנט פטרבורג ואחרות. יש לה מספר פרסומים ותערוכות באירופה, ישראל, ארצות הברית, אוסטרליה ואמריקה הלטינית.

היא עורכת ואוצרת במספר פרסומים אמנותיים וספרותיים.

בין יצירותיה ופרסומיה ניתן למנות את "אהבה", "עור לא מאולף", "גן זואולוגי", "גוגו מגוגו", "Maccaia", "Fasti Diurni", "Carte Marine".

HELENA BARBAGELATA (1991) IS A FASHION MODEL, MULTIDISCIPLINARY ARTIST, RESEARCHER, AND ACTIVIST. SHE HAS RECEIVED SEVERAL ARTISTIC AWARDS FROM THE ONASSIS FOUNDATION, THE MINISTRY OF CULTURE AND SPORTS OF THE GREEK GOVERNMENT, SAINT PETERSBURG REPIN ACADEMY OF FINE ARTS, UNIVERSITAT DE BARCELONA, AMONG OTHERS. SHE'S A MEMBER OF THE AMERICA ISRAEL CULTURAL FOUNDATION, SOCIETY OF JEWISH ARTISTS (SOJA) AND THE ORGANIZATION FOR THE DEMOCRATIZATION OF THE VISUAL ARTS (OBDK). HER WORKS COMBINE PAINTING, DRAWING, PHOTOGRAPHY, SCULPTURE, FILM AND PRINTMAKING. SHE HELD NUMEROUS SOLO AND GROUP EXHIBITIONS IN EUROPE, SOUTH AMERICA, AUSTRALIA, AND THE UNITED STATES.

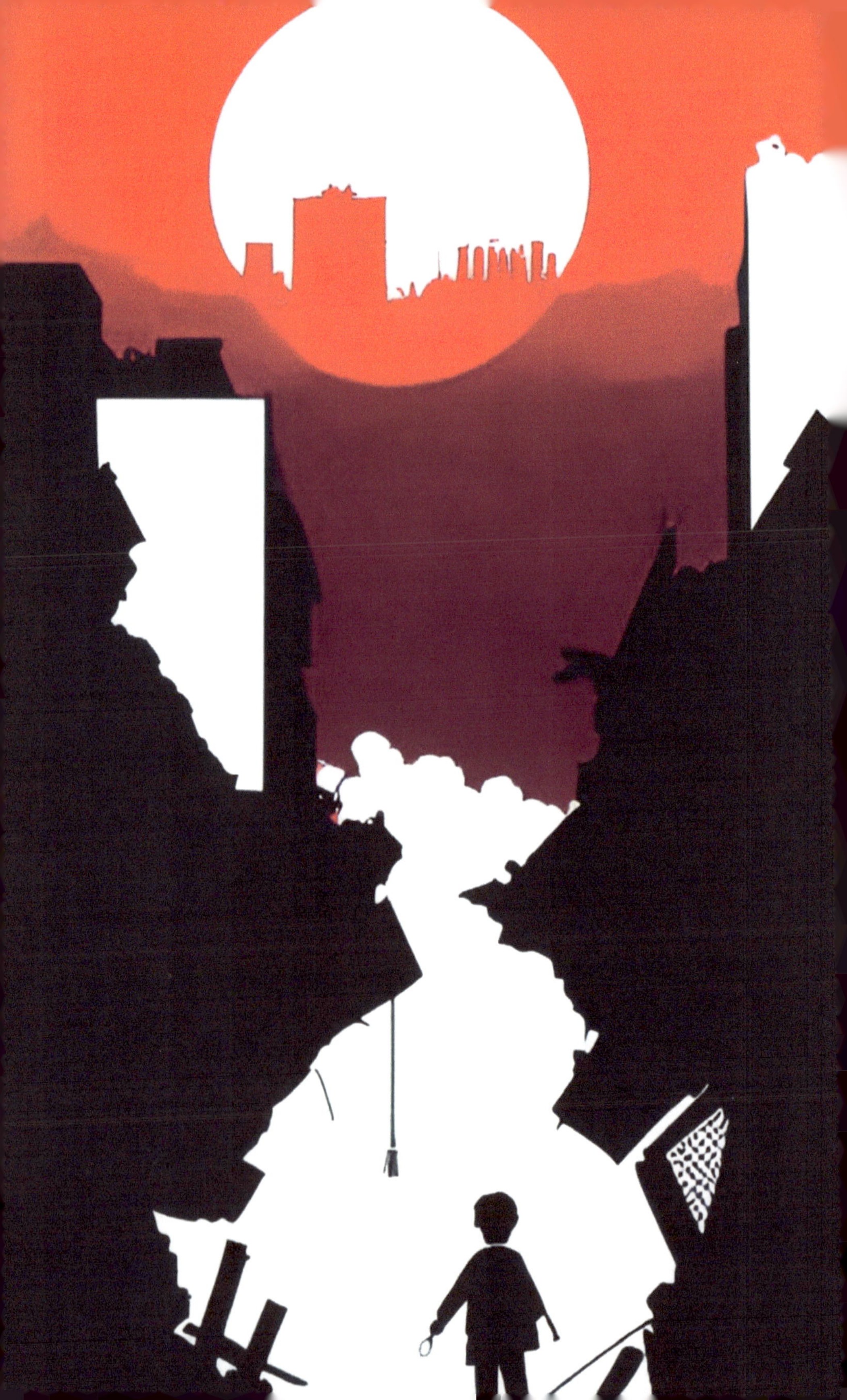

www.ingramcontent.com/pod-product-compliance
Lightning Source LLC
Chambersburg PA
CBHW040307240726
48664CB00006B/1410